CADA DIA UM CAMINHO
PARA A FELICIDADE

Anselm Grün
Organização de Rudolf Walter

Cada dia um caminho para a
FELICIDADE

DIRETORES EDITORIAIS:
Carlos Silva
Marcelo C. Araújo

EDITORES:
Avelino Grassi
Márcio F. dos Anjos
Roberto Girola

TRADUÇÃO:
Alfred J. Keller

COORDENAÇÃO EDITORIAL:
Denílson Luís S. Moreira

COPIDESQUE E REVISÃO:
Leila Cristina Dinis Fernandes

DIAGRAMAÇÃO:
Juliano de Sousa Cervelin

CAPA:
Tamara Pereira Souza

Título original: *Jeder Tag ein Weg zum Glück*
Copyright © Verlag Herder Freiburg im Breisgau 4th edition 2006.

Todos os direitos em língua portuguesa, para o Brasil, reservados à Editora Ideias & Letras, 2020.

7ª reimpressão

EDITORA IDEIAS & LETRAS
Rua Barão de Itapetininga, 274
República - São Paulo/SP
Cep: 01042-000 – (11) 3862-4831
Televendas: 0800 777 6004
vendas@ideiasletras.com.br
www.ideiasletras.com.br

Dados Internacionais de Catalogação na Publicação (CIP)
(Câmara Brasileira do Livro, SP, Brasil)

Grün, Anselm
Cada dia um caminho para a felicidade / Anselm Grün; organização de Rudolf Walter; [tradução Alfred J. Keller]. - Aparecida, SP: Ideias & Letras, 2007.

Título original: *Jader Tag ein Weg zun Glück*.
ISBN 978-85-98239-84-2

1. Autoajuda - Técnicas 2. Conduta de vida 3. Felicidade 4. Realização pessoal I. Walter, Rudolf. II. Título.

07-6512   CDD-158.1

Índice para catálogo sistemático:
1. Felicidade: Autoajuda: Psicologia aplicada 158.1

Sumário

Prefácio – 7

1. Desperte – para uma nova felicidade – 13
2. Conheça sua meta e aproveite o dia – 21
3. Atento à corrente da vida – 27
4. Renunciar e aproveitar – 37
5. Dê tempo ao tempo – tempo é vida – 43
6. Cada momento é seu – 53
7. Pare – o que você deseja
   já está dentro de você – 59
8. Dance conforme a música do silêncio – 67
9. Aquiete seu coração – 77
10. Em seu amor você pode confiar – 83
11. A amizade é um bem precioso – 93
12. Envolva-se com as pessoas – 99
13. Onde há vida, existe uma
    pista para a felicidade – 111

14. Nascido para a alegria – 117
15. Ser grato por tudo – 123
16. Estar aberto ao milagre – 127
17. Respeite os limites
    – encontre sua medida – 133
18. As fontes de sua força – 141
19. Seja bom para si mesmo – 147
20. Dê espaço à esperança – 151
21. Seu desejo é a sua medida – 155
22. Em harmonia e conciliado
    consigo próprio – 159
23. A serenidade faz florescer
    todas as coisas – 169
24. A noite é uma bênção – 177

As fontes – 187

Prefácio

Um antigo provérbio tcheco afirma: "Eles olham pela janela de Deus", referindo-se às pessoas que vivem contentes, que sabem desfrutar o tempo que têm e que se deliciam com o ócio. Para mim, trata-se de uma das mais belas descrições da felicidade. É uma combinação de vagareza e de vivência intensa do momento, de tranquilidade e de bem-aventurança suprema. Mas combinados estão também a fome de viver, o desassossego e a corrida ininterrupta atrás da satisfação dos próprios desejos – e isso justamente em pessoas que procuram mais do que tudo a sua felicidade.

O fato é que todos aspiram à felicidade. Todos querem que a vida dê certo, querem ser bem-sucedidos.

Hoje se apresentam muitos gurus e profetas da felicidade que nos querem fazer acreditar num mundo ileso, prometendo uma felicidade rápida e fácil.

Mas o caminho para a felicidade não é uma via expressa, distante da realidade de nosso dia a dia. Pelo contrário, ela passa bem no meio de nossa vida cotidiana e ordinária.

Alcançar a meta de nossos anseios não exige grandes dispêndios. Basta abrir os olhos para as pequenas coisas ao redor de nós – neste momento, aqui e agora. Ver a árvore em cujos galhos pousam os passarinhos, enxergar a amplidão do mar e sentir a força do vendaval. Feliz está aquele que sabe notar a beleza da criação, abrindo seus olhos para a riqueza do mundo em que vive. A felicidade não é o resultado de esforço e desempenho. Ela não pode ser produzida, ela é um presente.

Se abrirmos os olhos, veremos a cada dia os presentes de Deus: quando encontramos uma pessoa amável, quando nos damos conta da beleza de uma flor, quando sentimos o calor agradável do sol, quando experimentamos o amor que enche o nosso coração.

O caminho para essa felicidade não é longo nem cansativo. Basta descobrirmos conscientemente os dons que Deus, a cada dia, coloca em nosso caminho. Cada dia é um caminho para a felicidade. Ela está diante de nossos pés. Ela cresce às margens do caminho que trilhamos todos os dias. Basta colhê-la. Quem passa sem prestar atenção, nunca a encontrará. Nem mesmo nos lugares prometidos pelos profetas da felicidade.

Os filósofos dizem que a felicidade é a expressão de uma vida realizada e cheia de sentido. Sou feliz quando vivo com todos os meus sentidos, quando vivo plenamente o momento presente, em harmonia comigo mesmo, cheio de gratidão pela vida que me foi dada.

É verdade que essa felicidade cotidiana pressupõe determinada perspectiva. É necessário que eu veja a mim mesmo com um olhar carinhoso e complacente, aceitando-me como sou – inclusive com minhas limitações e fraquezas. Assim me sinto em harmonia comigo mesmo. Assim fico feliz.

Mas não posso prender a felicidade. Assim como não posso reter a vida. Todo dia meu caminho é cruzado pelas coisas que me acontecem, por ofensas, mal-entendidos, conflitos. Ser feliz não significa viver num mundo perfeito ou que não devo ver o lado escuro da vida. Tanto a alegria quanto a dor fazem parte da vida, e ambas podem levar à felicidade.

A felicidade surge, portanto, quando aceito a minha condição humana no meio desse mundo imperfeito com tudo que me acontece. Feliz é aquele que, em todas as circunstâncias, mesmo na contrariedade e no sofrimento, se sabe abrigado nas mãos de Deus. E feliz é o homem que por tudo o que lhe acontece sente-se remetido a Deus e ao mais profundo de sua alma. Lá, no fundo de sua alma, mora a felicidade. Porque é lá que mora Deus, e é nele que o homem se sente em harmonia consigo próprio. É lá que ele está *realmente* feliz.

1
Desperte – para uma nova felicidade

Por que você se dá, toda manhã, o desgosto de se levantar? É apenas uma rotina, uma necessidade, porque precisa ganhar a vida? Ou existe uma motivação mais profunda?

Para muitos, o ato de levantar é um acinte. Prefeririam continuar deitados na cama. Assim perdem a felicidade do raiar do dia, o encanto momentâneo da vida. Aquele que de manhã acorda do sono, que realmente abre os olhos, acorda também para a realidade. A ele se aplica o provérbio: "Deus ajuda quem cedo madruga".

Cada novo dia
é um convite.
A cada nova manhã
a vida espera por você,
luminosa e colorida.

A maneira de começar um novo dia depende de você. Dependendo de sua disposição, pode ser um acinte ou uma promessa. O dia pode chegar desperto ou arrastar-se sonolento, sem banho tomado, despenteado, sem vigor e sem energia. A doçura da vida está à espera, mas é necessário senti-la. Os olhos pesados de sono não a enxergarão. E um coração que não desperta não será capaz de perceber a realidade desperta.

Levante imediatamente quando o despertador começa a tocar. E, depois de levantar, não saia correndo para o trabalho. Procure lavar-se com calma. Como é deliciosa a água fria que o refresca. Vista-se devagar. Assim você vestirá com alegria consciente as roupas com que enfrentará o dia e que lhe darão uma boa aparência.

Desfrute o tempo do banho, o ato de se vestir e o café da manhã. São momentos de liberdade que o dia lhe dá, um espaço para respirar.

Decida-se hoje pela vida.
Agradeça a Deus estar vivo.
E procure aceitar o dia de hoje como ele é.
Não precisa haver só alegria.
Mas se você se decidir a favor da vida,
entrará também em contato
com sua força, com sua vitalidade
e com sua alegria.

Só quem está desperto poderá dar forma ao dia. O outro vive como se estivesse sonhando. Vive num mundo isolado, sem contato com a realidade, sem possibilidade de influenciar e moldar a realidade. Os sonhos lhe mostram aspectos essenciais de sua alma, mas você só poderá realizar os sonhos se estiver disposto a acordar, a enfrentar a realidade como ela é.

Com seu frescor, a alvorada respira um ar de novidade de Deus. Tome consciência do dia de hoje. Ponha-o sob a proteção de Deus. Assim, todo o dia ganha ares de mistério, dando-lhe a oportunidade de irradiar aquilo que você é em seu íntimo.

O gesto das mãos levantadas que abençoam pode transformar-se num ritual matutino. Imagine a bênção de Deus passando por suas mãos para entrar nos cômodos de sua casa e nas salas onde você trabalha. Assim, você irá ao trabalho com uma outra disposição. Você já não terá a impressão de que as salas estão cheias de desentendimentos e intrigas, carregadas de emoções negativas e de sombras recalcadas. Você entrará em salas em que habita a bênção de Deus.

É isso que importa em nossa vida:
quebrar essa rotina do habitual.
Precisamos sentir
o que significa:
respiro, portanto existo.
Estou aqui.
A cada dia
saboreio de novo
o gosto da vida.
Nenhum dia é igual ao outro.
E cada um de nós
também é único,
é singular.

A felicidade
está no frescor da manhã,
no encanto do momento,
na beleza do sol que nasce.
Quem não desperta,
não pode perceber a felicidade
que o rodeia.

A alegria da nova manhã, do sol que se levanta, do céu azul; a alegria de estar com saúde, a alegria de ver a família reunir-se bem-disposta para o café da manhã, a alegria que sinto na expectativa dos encontros que hoje me aguardam. Quem recebe com gratidão as pequenas alegrias diárias, vê-as transformar-se na grande alegria.

Encarando conscientemente o novo dia como se hoje fosse o primeiro dia de sua vida lúcida e desperta, você enfrentará esse dia atento e, ao mesmo tempo, com curiosidade. Você olhará para as pessoas como se as visse pela primeira vez. Os preconceitos desaparecerão. Não importa mais o que você pensava a respeito delas. Sumiram todas aquelas gavetas em que você enfiava as pessoas. Tudo seria diferente: você começaria o trabalho com interesse e com a alegria de fazer as coisas como se fosse pela primeira vez. Assim você acabaria enxergando com novos olhos toda a criação ao seu redor.

Cada dia demonstra de novo esta verdade:
não é necessário recorrer aos argumentos da
razão para entender que a vida é bela.
Basta abrir os sentidos,
abrir os olhos para a vida.

Parta para o novo dia.
Sempre é necessário pôr-se a caminho
novamente, para que a vida não fique paralisada.

2
Conheça sua meta e aproveite o dia

Decida-se
pela meta de sua vida.
Nunca perca de vista essa meta.
Ela fará com que você concentre suas forças.
Ela lhe dará clareza.
Ela o fará mais determinado.

A sua vida só fará sentido
quando você reconhecer
qual é a sua tarefa neste mundo
e quando passar a viver essa tarefa.

A meta
que devemos atingir na vida
não é feita de desempenho,
e sim de um ser,
de uma missão.

∞

Encontre seu caminho pessoal.
É esse caminho pessoal seu
que o levará à verdadeira vida.

∞

Você foi criado
para viver a sua própria vida.
Por ela você responderá sobretudo a Deus.
Aceitando seu chamado,
você transformará a sua vida em bênção
também para o meio em que vive.

Até certo ponto, a ambição pode ser um sentimento positivo, desde que nos ajude no esforço de desenvolver nossas capacidades. Mas a ambição pode transformar-se também numa prisão interior, da qual é difícil escapar. A palavra ambição se define como desejo veemente de obter riquezas, poder, glória ou honras. Quem se deixar guiar por esse desejo, perderá o contato consigo mesmo e com aquilo que está fazendo. Sua mola impulsora é a avidez.

Aquele que quiser provar a si mesmo que trabalha bem, ou que quiser ter uma boa imagem diante dos outros e de si próprio, terá de haurir de suas próprias forças. Mas, como estas se esgotam rapidamente, é preciso encontrar sua fonte interior, a fonte do Espírito Santo, que faz com que o trabalho flua de seu interior. Aí sim poderá trabalhar muito, sem sentir cansaço.

A compulsão ao trabalho é uma fonte turva.
Quem dela haure,
esgota tanto a si próprio
quanto as pessoas que vivem em torno dele.
Seu trabalho não é uma bênção,
nem para ele nem para os outros.

É mais prudente ter menos projetos, mas cumpri-los. É muito desgastante correr, com a consciência pesada, atrás daquilo que se pretendia fazer. A ordem estabelecida deve estar de acordo com minhas possibilidades. Por isso precisa ser uma ordem sensata. Devo avaliar com prudência o que é possível fazer, o que me faz bem e o que posso cumprir com alegria.

Quem se obriga a fazer
o que está acima de suas forças,
é um empecilho para a própria felicidade.

Quando as preocupações com o futuro atrapalham seu dia, concentre sua atenção no dia de hoje, pois é nele que você decide se vive ou não, se está presente ou não, se você se dedica ao ser humano ou não, se põe mãos à obra ou não.
Dar conta do dia de hoje – esse é o verdadeiro desafio da vida.

Por mais que se esforce, em última análise, você não vai mudar o mundo. Por mais que aproveite o tempo, você não tem nenhum poder sobre ele. Deus pode mandar-lhe um período de doença, e todos os seus planos irão por água abaixo. O tempo não está em suas mãos. Ele só será um tempo bom e salutar, se você aceitá-lo das mãos de Deus com a qualidade que ele lhe conferiu. Então será um tempo com sabor de eternidade.

Todo ser humano tem uma vocação especial para viver a sua vida, de modo que possa contribuir para a construção de um mundo que corresponda cada vez mais à vontade original de seu criador.

∞

Não vivemos para nós mesmos.
Faça uma tentativa de descrever conscientemente
o sentido de sua vida.
É esse sentido que faz jorrar
a sua fonte interior.

∞

Passe adiante o que você tem.
Exteriorize a sua capacidade.
Confie em sua competência,
descubra suas próprias possibilidades
e permita que os outros também participem delas.
Então, a vida que brota de sua fonte
poderá ser útil também aos outros.

3
Atento à corrente da vida

Por mais que andemos à procura da felicidade, nunca a encontraremos longe de nós. Nunca a encontraremos nas outras pessoas, nem na profissão, nem no sucesso, nem na riqueza. Ela só pode estar dentro de nós.

Muitos estão à espera da felicidade grande. Ficam decepcionados porque ela não vem. Mas, enquanto andam à procura da felicidade grande, não prestam atenção às pequenas alegrias espalhadas pelo caminho de nossa vida.

Entre na corrente da vida.
A vida está em todo lugar.
Está à nossa volta.
Basta abrirmo-nos.
Perceber a vida
que já está aí,
senti-la intensamente,
esse é o prazer de viver.

Encontre suas próprias fontes.
Esteja atento a tudo aquilo
que estimula a sua própria vida
e a fortifica.

Aprenda a arte
de ser,
de viver intensamente.
Simplesmente,
procure andar mais devagar
quando, no seu trabalho,
você quer ir
de uma sala a outra.
No passeio, procure
sentir cada passo,
perceber o contato
com a terra
e quando se desprende.
Procure pegar a xícara
devagar e conscientemente.
A arte de viver é algo muito comum.

Ver bem
significa ver
além das coisas
ou enxergar a alegria
dentro das coisas.
A arte de ser feliz
pode ser aprendida
e treinada.
E é possível começar de imediato.

O homem atento é um homem pensativo. Não aquele que está sempre pensando em alguma coisa, que não para de cismar, e sim aquele que abre os olhos, que concentra seus pensamentos naquilo que está fazendo no momento.

Seja cuidadoso e zeloso
consigo mesmo.
E seja cuidadoso com as coisas
que lhe foram confiadas.
O interior e o exterior
estão relacionados entre si.
A sua maneira de tratar as coisas
exprime sua atitude interior.
Você trata as coisas
como trata a si próprio.

A pessoa atenta não passa pelas pessoas ou pelas coisas. Para ela, tudo é sinal do essencial, ou seja, do mistério de Deus.

Muitas vezes estamos dormindo e não percebemos as coisas em torno de nós. Não percebemos a beleza. Não percebemos a felicidade que está ao alcance da mão. Procuramos por ela em outro lugar, nos sonhos, nas ilusões. Para experimentar a felicidade é necessário despertar. Só quem desperta e abre os olhos pode perceber o que existe. Quem despertou percebe que estava vivendo como que numa prisão.

Envolva-se com as coisas comuns de seu dia a dia. Confie na possibilidade de lá encontrar tudo o que está procurando. Não se trata de encontrar novidades interessantes, e sim as pegadas daquilo que é. Conheça aquilo que é. Faça jus àquilo que constitui a sua vida. Perceberá, então, que o cotidiano leva ao essencial, à percepção pura do ser. E quando estiver em contato com o ser, poderá tocar no fundamento do todo ser. Quando tiver alcançado a prática do dia a dia, o lugar do encontro com Deus, ele se transformará.

Dar atenção a tudo que se faz envolve a vida com um halo de suavidade. Você está totalmente presente, sente-se totalmente um consigo mesmo e com as coisas. Mas essa atenção não nos é dada simplesmente. É necessário treiná-la diariamente.

A terra é uma flor que carrega em si a beleza do céu e que abre esse céu sobre nós. Se você deixar cair essa palavra em seu coração, ela transformará seus olhos, e seu olhar sobre a terra será um outro.

Basta sentir admiração diante da criação que nos rodeia. Basta observar o que vemos, sentindo a profundeza daquilo que enxergamos. Aí sim sentiremos o prazer que passa da criação para nós. Em vez de perceber apenas o vento da primavera, este nos levará ao prazer que reside no fundo de nosso coração. Será o momento da partida ao encontro de uma vigorosa alegria de viver.

Prestar atenção no momento presente é mais do que um exercício de concentração. É o caminho para a felicidade. A felicidade não exige muito. Apenas atenção. Quando nos mostramos gratos pelo que vemos, nossos olhos sadios já são uma fonte de felicidade. E nossos olhos podem ver todo dia coisas maravilhosas. Mas precisamos treinar a atenção, para repararmos conscientemente nos milagres que aparecem todos os dias:

– o milagre de uma rosa,
– o milagre de uma montanha,
– o milagre de um besouro
   que cruza nosso caminho,
– o milagre de um rosto humano.

O auge de suas vivências
está nas coisas que estão ao seu redor.
Na relva que se estende diante de sua casa.
Na flor em cima de sua mesa.
Na música que você ouve.
No silêncio que você se concede.
A beleza já está aí,
você só precisa percebê-la.

Só quando usa o coração para enxergar, você encontra na flor a beleza de seu criador e na árvore a expressão de seu próprio anseio, firmemente enraizado num solo profundo. Só quando enxerga com o coração, você sente, ao ver uma árvore, aquele anseio penetrando em seu corpo para crescer e florescer a ponto de outros encontrarem abrigo e consolo em sua sombra. Só o coração enxerga em tudo as marcas daquela última realidade e certeza que olha para você de cada rosto humano, de cada pedra e de cada plantinha, para dizer-lhe: "Você é amado. O amor o rodeia em tudo o que vê".

4
Renunciar e aproveitar

Por maiores que sejam nossas posses, não podemos comprar com elas o prazer de viver. Resta-nos aproveitar o que Deus nos dá, comendo e bebendo com prazer. A vida já tem dificuldades suficientes.

O deleite também pressupõe a medida certa. Desejos exagerados e avidez insaciável acabam levando sempre à decepção. Na Grécia tem um dito popular que diz: "Nada deixará contente aquele que não se contenta com pouco".

O ser humano deixa de ser dono de si quando permite que seus apetites o comandem. Esses o fazem perder a clareza da mente e a tranquilidade do coração. Por isso podemos afirmar que a ascese não é inimiga da vida, e sim sua promotora. Seu objetivo é conduzir-nos à verdadeira alegria. Ela é um caminho que leva à felicidade verdadeira.

Só quando seu espírito mora em seu corpo, quando seu espírito vê, ouve, cheira, saboreia e apalpa com os sentidos do corpo, você poderá experimentar a felicidade também fisicamente.

Uma refeição deliciosa não precisa ser dispendiosa. Pode ser algo muito simples. Quem come com vagar um queijo caseiro acompanhado de um vinho tinto de fabricação própria no Ticino pode afirmar: é o sabor do paraíso. É um sabor que nos transporta para um outro mundo. Em momentos como esse, a eternidade pode tornar-se sensível.

※

Quem devora com avidez um pedaço de bolo depois do outro não pode sentir a alegria do prazer. Em pouco tempo se mostrará aborrecido porque comeu demais. Mas aquele que se limita a degustar com prazer apenas um pedaço, pode deliciar-se enquanto come e por longo tempo depois. Esse guardará o sabor da alegria não apenas na boca, mas também no coração.

Quem se entrega a seus caprichos não se fortalece. Quem cede a qualquer desejo não ficará mais contente a longo prazo. Ascese e disciplina, quando praticadas na medida certa, ensinam-nos a viver ativamente a nossa própria vida e não passivamente.

∞

Nenhum dinheiro,
nenhum sucesso,
nenhum aplauso,
é capaz de satisfazer
o desejo de amor.
O viciado nunca se sacia.

∞

Renunciando a coisas às quais você tem direito, por exemplo, à comida, à bebida, à televisão etc., você ganha a si próprio, porque você toma a vida em suas próprias mãos.

Quem souber impor restrições a si mesmo fortalecerá seu próprio eu. Porque ele estará em si mesmo e não nas coisas que satisfazem suas necessidades. Quanto mais eu estiver comigo mesmo, tanto mais tranquila ficará minha alma. E tanto mais livre e feliz poderei ser.

A felicidade pode estar justamente na não posse e pode estar ameaçada pela posse.
O objeto de meus desejos
está em meu coração.

Que o anjo da renúncia lhe ensine ambas as coisas: saber aproveitar os dons que recebeu e saber renunciar para sentir-se livre em seu interior, de modo que possa desejar o prazer também aos outros.

5
Dê tempo ao tempo – tempo é vida

Estamos nesta terra
para uma breve visita.
Nosso tempo é limitado,
é como se estivéssemos na casa de uns amigos.
Não deveríamos ter pressa
durante essa visita,
nem deveríamos preocupar-nos.
Como é apenas uma visita breve,
não tenha pressa,
aproveite bem esse curto tempo.

Quem quiser viver,
deve dar tempo ao tempo.
Sem tempo não há vida.
A vida se realiza no tempo.
Então, cada um precisa achar
o ritmo do tempo
que lhe é mais adequado.
Assim entrará em sintonia com uma vida
ajustada a ele.

Tirar apenas proveito do tempo leva a um beco sem saída. O importante é ter sensibilidade para o ritmo do próprio corpo e de todo o cosmo para entrar em sintonia com ele.

Abandone-se ao ritmo do tempo, assim você sentirá o tempo não como um tirano que o escraviza, e sim como um dom que está a seu serviço e que lhe dá a oportunidade de descobrir o mistério da vida.

É o ritmo
que faz com que sintamos o tempo como tempo.
É ele que dá conteúdo ao tempo.
Não é apenas um tempo que passa.
O ritmo dá ao ser humano
a sensação de estar em casa.
Ele já não se sente só,
porque faz parte de algo maior.

A experiência do ritmo nos põe em contato com a energia que está aguardando em nosso inconsciente.

Você tem o direito de cuidar de seu tempo. Do contrário, você passará a ser de todos que querem algo de você. E você não terá mais tempo para si. Outros disporão de seu tempo. E você será privado de seu tempo.

∞

Fique observando
como e quando a pressão sobe dentro de você.
Quando senti-la,
solte-a
e se concentre
apenas no momento presente.
Isso é o que basta.

Dando tempo ao tempo, você se livra do domínio do tempo. Você se dá conta do tempo. Você o aproveita. O tempo lhe é dado. Você deixa de sentir qualquer pressão. Você deixa o tempo correr e o registra. Tempo é sempre um tempo dado, um tempo que é de Deus e que é seu, em que você pertence a si mesmo e ao seu verdadeiro ser.

∞

Quem ganha mais tempo é aquele que está totalmente presente em cada momento. Esse não sabe o que é tempo perdido. Para ele, todo tempo é um tempo repleto. Tanto faz se está trabalhando ou se não está fazendo nada, se está lendo ou ouvindo música, se está passeando ou brincando com os filhos – ele está totalmente presente naquilo que faz. Ele sente o tempo como um dom; para ele, tudo é tempo dado, todo tempo é tempo livre, é tempo para viver.

Não se deixe contaminar
pela mentalidade imediatista.
Aprenda a ser persistente,
aprenda a permanecer,
exercite a virtude de perseverar.
Assim, sua alma ganhará
firmeza interior.
E sua vida será bem-sucedida.

∞

Quem anda devagar
às vezes chega mais depressa,
porque não sairá correndo
movido pela precipitação.
Ele se dirigirá diretamente
ao que é importante.
Portanto: dê tempo ao tempo.
Aproveite o vagar.

Paciência e espera fazem parte da vida humana. Na paciência se esconde a força de promover mudanças e transformações. Mas na paciência cabe um lugar importante também ao tempo. Damos tempo a nós mesmos e aos outros para que as coisas possam mudar.

∞

O crescimento precisa de tempo.
Só quem tiver paciência consigo mesmo,
quem souber esperar,
colherá os frutos
de seu amadurecimento.

A vida não para de nos ensinar que não adianta querer forçar as coisas. É necessário esperar até que o tempo esteja maduro. Isso vale para o amor entre o homem e a mulher, e vale também para os passos mais importantes que tomamos na vida. Às vezes precisamos esperar até que o tempo esteja maduro para uma decisão.

∞

Esperar faz-nos ficar inquietos. Percebemos que não nos bastamos a nós mesmos. Esperando, nós nos espichamos ao encontro daquele que toca o nosso coração, que o faz bater mais depressa, que satisfaz os nossos anseios.

∞

O ser humano que não espera entra num estado de estupor.
Quem perdeu a capacidade de esperar
é incapaz de também
entender o mistério do tempo.
Tempo é sempre uma promessa do eterno.

Somos mais do que aquilo
que podemos dar a nós mesmos.
Ao esperar, aprendemos
que o essencial
nos tem de ser dado.

∞

Tudo o que cresce depressa demais
também murcha rapidamente.
Hoje em dia
não é comum esperar.
Queremos ver logo o resultado.
Mas, às vezes, uma flor demora muito
para desabrochar completamente.
Precisamos ser pacientes
com o nosso próprio desenvolvimento.
Não podemos mudar a nós mesmos
imediatamente.
As transformações exigem tempo
e, às vezes, progridem de um modo imperceptível.

6
Cada momento é seu

Muitas pessoas
estão sempre se preparando
para a vida real,
em vez de agarrar a vida
que já está aí.

A vida está em cada momento.
Quem está totalmente presente no momento
já está vivendo.

Cada segundo de nossa vida
é feliz por natureza.
Somos nós mesmos
que atrapalhamos a felicidade,
quando nos deixamos dominar
pelo desgosto.

Que sentido faz adiar o prazer para mais tarde? Você não sabe quantas oportunidades ainda lhe restam para ter prazer. É sempre mais tarde do que pensamos. Nosso tempo é limitado. Isso foi verdade ontem e continua sendo verdade hoje. Se você estiver totalmente presente no momento, descobrirá que ele lhe oferece tudo o que você espera: o puro presente, a plenitude do ser, da beleza e da vida.

Se você estiver simplesmente aí, se você for puro existir, viverá de verdade. Não será necessário refletir, então, para saber se está sentindo prazer ou não. Você será pura e simplesmente. E é isso que basta.

O ser humano não sabe
quanto tempo durará a sua vida
e até quando Deus
lhe dará tempo para aproveitar a vida.
Por isso, aproveite o momento presente.
Ele é um presente de Deus.
Aproveite a vida.
É mais tarde do que você pensa.

O objetivo da vida não consiste em trabalhar o máximo que puder, e sim em viver. Mas viver não significa experimentar o máximo e entregar-se à diversão depois do trabalho. Viver significa, na verdade, estar totalmente presente no momento atual, fazendo o que o coração mandar, prestar atenção àquilo que é – para começar a compreender o mistério da vida.

Desfaça-se daquilo que lhe pesa,
vire sua atenção para aquilo que vem.
Esteja livre para o momento,
esteja livre para aquilo que está vindo ao seu encontro.

A pressa é uma inimiga da alegria. Quem quiser aprender a ficar alegre precisa exercitar-se na arte de viver o momento presente, em vez de ficar correndo atrás de tudo o que é diversão para se satisfazer. Seu coração e seus anseios nunca estarão satisfeitos com esta procura.

O que importa
não é a duração da minha vida,
nem o que eu possa
realizar e apresentar.
O que importa
é que eu abra meu coração
e que viva,
de coração amplo,
cada instante.

O tempo não é um bem escasso que o ser humano deve aproveitar ao máximo; o tempo é, isso sim, o lugar em que o ser humano se torna um com Deus. Para aquele que vive totalmente o momento atual, o tempo se cumpre, e ele fica repleto de Deus, tornando-se um consigo mesmo e com Deus; para ele o tempo para.

7
Pare – o que você deseja já está dentro de você

Geralmente estamos correndo.
Mas para onde?

Muitos acham
que estão correndo atrás da felicidade
e, por isso mesmo, estão afastando-se dela.
A felicidade está dentro de nós.
De nada adianta
correr e se desgastar.
A nossa única alternativa é:
parar
para nos afeiçoarmos
àquilo que está dentro de nós.

Claro, há sempre algo a fazer. Mas, se você mesmo não se estabelecer um limite, determinando a hora de parar, nunca terá a sensação de estar vivendo a sua própria vida. Você será vivido. Limite seu tempo de trabalho, para que o tempo continue sendo seu. Do contrário, você se transformará num escravo do tempo. E jamais chegará ao fim.

É necessário parar, aquietar-se, para que o turvamento em nosso íntimo se clarifique, para que as névoas se dissolvam, para que possamos ver com clareza o que é. Só quando o nosso interior se torna límpido encontramos a paz em nós mesmos e conseguimos suportar-nos. Descansar em seu próprio centro é também a condição necessária para alcançar a paz externa.

Todo dia você precisa de espaços livres, de interrupções e intervalos. É nesses espaços que a sua alma respira. Tendo essa liberdade, será mais fácil concentrar-se novamente no trabalho e nas pessoas com as quais terá de lidar.

Rituais oferecem a possibilidade de alcançar o centro. O ritual me faz parar. Os rituais são sempre de natureza concreta. Apanho algo. Acendo uma vela. Faço um gesto. Sento para ler um livro. Ou fico quieto durante alguns momentos. Medito. Os rituais me dão a sensação de que o tempo é meu. Praticados de manhã, dão uma outra aparência àquele dia. Não sinto o peso do tempo, sinto seu mistério. Não é o tempo que se lança sobre mim e me determina, sou eu que lhe dou forma e lhe imprimo a minha marca. Dou-me um tempo para escapar do terror das solicitações do tempo que me esgotam.

Rituais são momentos em que me concentro totalmente em mim mesmo. São áreas de tabu, um espaço de segurança ao qual as pessoas e suas expectativas não têm acesso. Eles me dão a sensação de viver em vez de ser vivido.

Os rituais não exigem muito tempo.
São pontos de parada em meio ao tempo.
Durante o ritual, o tempo para.
A finalidade do tempo é suspensa.

Concedo-me o ritual.
Entro em contato comigo mesmo.
Posso respirar.

Aquele que acha que precisa ser cada vez mais rápido acaba sendo impelido pelo medo. O medo é a mola da aceleração. Quem tem medo, não consegue parar. Não consegue esperar. Não consegue observar. Ele quer resolver tudo com as próprias mãos, porque teme que as coisas lhe escapem.

Muita gente enche de mil atividades até mesmo o domingo. É o falseamento do domingo, dia em que deveríamos distanciar-nos conscientemente dos outros e das tarefas e expectativas que nos vêm de fora. Quando todos os tempos se tornam iguais, tornam-se também igualmente vazios. Quando o domingo se transforma em cotidiano, o próprio cotidiano perde seu sentido.

Assim como a semana é interrompida pelo domingo, o ano todo para nos dias de festa. As festas dão ao tempo uma outra aparência e remetem o ser humano aos tempos primordiais, ao tempo originalmente sagrado, fazendo-o participar dele. As festas são uma renovação do tempo a partir de sua origem. O tempo gasto volta a ganhar frescor com a irrupção do tempo sagrado em nosso tempo passageiro.

A festa é a experiência do eterno dentro do tempo. Ela empresta uma nova qualidade ao tempo tão explorado.
As festas são áreas livres, tempo sem finalidade. A festa interpreta o cotidiano numa outra perspectiva.
No tempo sagrado da festa, vislumbramos o verdadeiro significado do tempo. Ele é o momento dado por Deus, o lugar do encontro com Deus.

Sabendo que no caminho nos aguardam pontos de descanso, podemos trilhar nosso caminho com alegria e disposição. O descanso é uma exigência decorrente da fadiga causada pelo caminhar. Precisamos sempre de um ponto de parada, de um refúgio em que possamos recolher-nos, para que o trajeto não ultrapasse nossas forças obrigando-nos a voltar. Quem se recolhe pode refazer as forças antes de seguir seu caminho. As festas são um refúgio no nosso caminho. Refeitos, podemos seguir em frente, em vez de ter de retornar ao ponto de partida.

Tudo o que você deseja já está em seu coração. Trata-se de não fugir dessa verdade. Precisamos deter o passo e encará-la de frente.
Por mais paradoxo que pareça, essa parada é o pressuposto de qualquer progresso humano e espiritual.

8
Dance conforme a música do silêncio

Precisamos do silêncio para entrar em contato com a felicidade que repousa no fundo do nosso coração. Não poderemos senti-la se estivermos sempre em movimento. Ela é como um lago. Só quando esse fica bem calmo, pode refletir-se nele a beleza do mundo. Precisamos ficar quietos, para que a beleza que nos cerca possa espelhar-se em nós. Sentiremos, então, a alegria que está dentro de nós.

Em cada um de nós existe um espaço de silêncio e liberdade. Não precisamos criá-lo primeiro, ele já está dentro de nós. Nesse espaço estamos inteiros e intactos. Ele não foi afetado por nossos erros e nossas fraquezas, nem foi comprometido pelos juízos e condenações dos homens, nem por suas expectativas. Aí podemos descansar, porque o próprio Deus mora nesse espaço.

∞

Você só chegará a si
se ficar quieto.
A grande quantidade de influências que vêm de fora o faz ficar doente.
Você precisa do silêncio
para tornar-se totalmente você mesmo.

Aquietando-se,
você encontrará em primeiro lugar a si mesmo.
Aí já não poderá
manifestar sua agitação.
Perceberá que ela está dentro de você.
É necessário resistir à inquietação
para alcançar o silêncio.

∞

Calando-se,
você poderá viver inteiramente o momento atual.
Quando começar a pensar,
você deixará de lado o momento presente.
Mas a felicidade está sempre
no momento presente.

Procure o silêncio.
O barulho é como a sujeira e o pó.
O silêncio é como um banho para a alma.
Não há limpeza mais intensa
do que a operada pelo silêncio.
O silêncio é um caminho
que leva à paz do coração.

Quem não para de falar
vai perdendo
sua energia interior.
O silêncio é como o fechamento
da porta de sua alma,
para que o fervor em seu interior
não se extinga
e a fonte de sua força
não se esgote.

Um silêncio puro e límpido
faz cessar a nossa fome.
Ele acalma os desejos do coração.
É a verdadeira felicidade do ser humano.

Na casa de sua alma,
nesse espaço interior
de proteção
e de submersão criativa,
moram os anjos em sua companhia.
Eles o introduzem
na leveza do ser,
no amor
e no prazer de viver.
Eles são os seus guias
para a verdadeira felicidade.

Justamente quando você tem muito contato com outras pessoas, quando muitos querem algo de você, quando se envolve com eles em diálogos intensos, você precisa do anjo do silêncio, que faz calar em seu interior as inúmeras palavras que ouve todo dia. No silêncio está sua chance de respirar. No silêncio, é possível livrar-se de tudo aquilo que lhe foi confiado e que pesa sobre você.

∞

O ser humano que se aproxima em silêncio do mistério do mundo consegue ouvir, em momentos especiais de graça, a canção do mundo, o som das esferas do cosmo. Quando ouve esse som, você fica cheio de uma alegria nunca experimentada, de uma paz interior, de um prazer que nem o emudecimento do mundo lhe consegue tirar.

Quando a estrela do desejo se apaga em nosso coração, já não nos sentimos abrigados nele. Só nos sentimos bem na casa em que mora o mistério. Não se trata de um objetivo longínquo, da orientação em algo alheio ou de um resultado a ser atingido e que nos dê destaque diante dos outros. Esse espaço em que mora o mistério está dentro de nós. É um espaço de silêncio, livre do barulho dos pensamentos ruidosos que nos dominam. Ele está livre das expectativas e dos desejos das pessoas em volta de nós.

Precisamos de um grande silêncio
para ouvir a melodia do mundo.
Não se trata apenas do vento que sopra
fazendo murmurar os campos e as florestas.
Não se trata apenas daquilo
que posso ouvir com meus ouvidos.
Até mesmo a natureza silenciosa
canta a beleza do mundo.

Em nossa alma ressoa
o som frequentemente inaudível do cosmo,
o som divino de um mundo
que, muitas vezes, não nos é acessível.
O silêncio é a porta
que descerra nosso ouvido interior,
para que possa ouvir
esse som maravilhoso de nossa alma.

∞

Quando o ser humano se entrega ao silêncio, passa a ouvir os sons que brotam do silêncio de sua alma. São sons que vêm de dentro dele. Cabe ao coração encontrar uma melodia para esses sons que dão o ritmo da dança de sua vida. Seu coração tem essa capacidade de transformar em melodia os sons que ressoam dentro de nós. É a melodia de sua vida. Às vezes surgem sons estridentes dentro de você, e seu coração não consegue transformá-los em melodia para a dança da sua vida.

Estamos em harmonia conosco quando, em vez de dançar segundo a música dos outros, dançamos segundo a nossa melodia interior.
Descubra essa melodia interior.
Escute o silêncio.
Fique atento a tudo
que surge dentro de você.

∞

Aproveite o silêncio
que seu anjo lhe concede.
Procure ouvir aquele Deus
que gostaria de preencher seu silêncio
com o amor dele.

9
Aquiete seu coração

Nada de agitação febril.
Vamos com calma.

∞

Convém perguntar-se sempre:
Por que estou correndo tanto?
O que é que quero resolver?
Por que ando apressadamente?
Será que corro de mim mesmo?
Será que corro tanto
porque quero muito ao mesmo tempo?
O que eu quero mesmo, de verdade?
Qual é o meu desejo mais profundo?

Ninguém pode ficar sossegado
se não estiver disposto
a enfrentar
sua própria realidade.

Aquele que enche suas horas de um montão de atividades experimenta muitas coisas, mas não vive. Não sabe o que é viver.

Mesmo que à sua volta reinem a agitação e a intranquilidade, se você estiver em seu próprio centro, tomará conhecimento dessa correria, mas não se deixará contaminar por ela.

Enquanto estiver agitado interiormente, você não será capaz de sentir a energia que flui dentro de você. Para descobrir a força que está em você, é necessário que esteja calmo.

Primeiramente o interior precisa aquietar-se. A partir dele, a tranquilidade se estenderá também ao corpo. Depois de o coração se aquietar, você também agirá com calma, seus movimentos emanarão da tranquilidade interior e você participará da tranquilidade criadora de Deus.

Aquele que não sente a felicidade em sua alma correrá em vão atrás dela, no mundo dos bens e do sucesso. Nunca possuirá o suficiente, nunca ganhará atenção suficiente, nunca terá tanto sucesso que possa ser feliz. A felicidade mora na alma, no interior do ser humano.

Solte-se,
você pode ser como é.
Descanse,
depois poderá seguir
o caminho
que se propôs trilhar.
Mas por ora aproveite o sossego.
Entre em harmonia consigo mesmo.
Nada poderá abalar aquele
que estiver em harmonia consigo mesmo.

Quando você está em harmonia consigo mesmo, quando está calmo em seu interior e em paz consigo mesmo, sentirá qual é a medida certa para você. E vivendo de acordo com essa medida, sua própria vida se tornará intacta e inteira. E será uma fonte de bênçãos também para outros.

Depois de ter descoberto o céu
dentro de nós,
só precisamos
voltar-nos para dentro
e já estaremos no céu.
Estaremos num ambiente celestial
e já não teremos necessidade de correr.

O Reino de Deus estará dentro de nós,
quando não nos sentirmos mais dilacerados
por nossas paixões e emoções,
por nossas necessidades e desejos.

10
Em seu amor você pode confiar

O amor não se deixa impor.
Confie no amor que está dentro de você.
Já existe amor dentro de você.
Não é preciso extraí-lo à força.
Siga as pegadas de seu amor.
Ele o levará até Deus.
Ele o fará abrir-se para as pessoas.
Ele o impelirá à vida.
Ele o encherá de alegria e felicidade.

Em todos nós
está o desejo de amor.
Ponha as pessoas ao seu redor
em contato com o amor delas.
Tenha coragem de amar e de ser amado.
Permita que o amor o encante,
que o introduza
no mistério de um amor mais profundo e
que satisfaça seus verdadeiros anseios.

∞

O olhar benevolente do outro nos transforma. Quando encontramos o amor, somos renovados por ele. Com seu amor, uma outra pessoa é capaz de despertar em nós potencialidades que antes estavam escondidas e adormecidas.

O calor do amor desfaz toda contração. Quem experimenta a aceitação e o carinho nos momentos de maior tensão esquece toda angústia. Por isso, você não deve agarrar-se a seus temores; passe por eles. Você sentirá, então, no fundo de seu coração, aquele amor afetuoso que o aceita com seu temor, para dissolver toda a aflição e ameaça que acompanha seu medo.

Permita que o amor que vem ao seu encontro ou que brota dentro de você toque seu coração. É Deus mesmo que o toca nesse momento e que o abre para o mistério de um amor límpido e puro, que se volta para todos e para tudo.

Um ambiente em que o outro se sente respeitado e valioso, em que ele descobre sua própria beleza, é também expressão de carinho. Numa relação dessa natureza circula um amor que não segura, que não apela à posse, um amor que desprende, que tem estima e que é sensível ao mistério do outro.

O amor desperta em nós uma energia que nos faz descobrir nosso próprio mistério. Ele é capaz de transformar nosso coração vazio em um lugar de luz e beleza.

Um amor de apego
restringe o outro
e acaba sufocando o amor.
Para que o amor continue vivo,
ele necessita de proximidade e distância.
Limites estabelecem clareza
no relacionamento
e criam liberdade.

※

Não existe, em nossa vida, a volta ao paraíso da união ininterrupta. Vivemos no movimento pendular entre a proximidade e a distância, entre a união e a separação. O paraíso da união definitiva espera por nós na morte, quando seremos um com Deus, com nós mesmos e com os outros.

Aquele que confia no amor que flui dentro dele se sente presenteado na medida em que repassa esse amor. Só o amor que é doado dá felicidade. A felicidade que é preciso reter ou reservar para si mesmo não é a felicidade verdadeira. Uma felicidade que não se pode repartir com os outros é pequena demais para nos fazer realmente felizes.

Quem anseia por amor, não anseia por um ser humano concreto que o ame e quem ele mesmo possa amar. Em última análise, encontramos no anseio por amor o pressentimento de um amor infinito, que é mais do que amar e ser amado. É o desejo de ser amor. Quem é amor tem parte no absoluto.

Às vezes nos é dado fazer a experiência
de que amamos não apenas um ser humano,
e sim que somos o amor.
Nesse momento experimentamos o amor
como uma força,
como uma fonte.
Ele flui em nós
sem se esgotar.

Na sua alma, você pode criar um lugar de eternidade para o amor. Isso quer dizer que você não se fixa na falta que o amor lhe faz e no sofrimento que isso lhe causa. Você não olha para os outros como que perguntando se eles o amam ou não. Mas pode imaginar que existe dentro de você uma fonte de amor divino, que nunca para de jorrar, que é eterna. Essa ideia o livra da paralisia causada pela experiência de não receber amor.

Ofereça ao seu anjo do amor tudo o que há em você, inclusive a raiva e a irritação, o ciúme e o medo, o desagrado e a decepção. Porque tudo o que há em você gostaria de ser transformado pelo amor. O anjo do amor gostaria de transformar a sua vida. Ele não lhe proíbe nada. Ele não lhe proíbe que se irrite. Ele não recrimina sua mágoa. Ele só quer a sua permissão para fazer uma radiografia de tudo o que se passa com você, que permita que o amor questione também os seus sentimentos feridos. Com isso, você acabará vendo seus conflitos numa nova luz.

O amor é a realidade decisiva de nossa vida. Confie em seu amor, mas vá até o fundo dele, porque lá você vai encontrar Deus como a verdadeira fonte de seu amor.

O amor divino brota dentro de você como uma fonte que nunca seca. Não é necessário que crie o amor dentro de si. Basta beber da fonte do amor divino que jorra em você, e será sempre suficiente.

Se oferecer a Deus tudo o que há em você, haverá de sentir um amor que o ama sem condições prévias. Você vai experimentar uma presença que cura e ama e que o envolve e lhe dá abrigo.

11
A amizade é um bem precioso

A amizade é um bem precioso.
A amizade não pode ser produzida.
Ela é sempre dada como um presente.

∞

É justamente na anonimidade de nosso tempo que precisamos de lugares em que nos sintamos em casa.
Esses lugares estão lá onde nasce a amizade, onde encontro amigos.

∞

As pessoas que nos amam se transformam em luz para nós. Luz significa vida, salvação, felicidade, esperança, beleza que brilha. Ela espanta a escuridão que nos pode amedrontar e cria ordem no caos que associamos à escuridão.

O amigo se interessa por aquilo que me move em meu íntimo. Ele ausculta meu interior para descobrir a melodia fundamental de minha vida, e ele percebe onde e como minha vida começa a vibrar e a cantar. Ele me espelha e me lembra aquilo que sou no mais profundo de meu ser. Sua tarefa não se restringe, portanto, a me entender e a ficar a meu lado. Na verdade, ele guarda a melodia de meu coração em seu íntimo, para fazê-la soar novamente, quando ela emudecer em mim.

∞

A verdadeira amizade se destaca pela liberdade interior. Você pode dizer o que sente, sem ter de pesar as palavras. Você está livre para seguir o caminho que escolheu por lhe parecer o melhor. Não precisa ter consideração exagerada pelo amigo. Você pode respirar livremente. Mas você dá também ao amigo o espaço de que ele necessita para viver a vida dele.

Na amizade, eu toco o coração do outro com todos os seus altos e baixos. Percebo o que ele sente e pensa. Vejo o que o comove e o aflige. Renuncio a fazer juízos e avaliações. Aceito simplesmente tudo como é. Quem conhece o amigo ou a amiga em toda a sua profundidade verá também outras pessoas com um olhar límpido. E deixará de julgá-los. A amizade o torna capaz de aceitar sem preconceito outras pessoas também.

∞

Para que a amizade possa dar certo e as relações possam ser realmente bem-sucedidas, é necessário que exista liberdade interior. Uma relação madura não pode vicejar na estreiteza. Qualquer vínculo precisa reservar um espaço de liberdade. Eu me prendo livremente. E, mesmo comprometido, existe em mim um espaço do qual ninguém pode dispor.

O ser humano precisa da amizade para não sofrer danos em sua alma. É um poder superior que aproxima pessoas cujas almas estão em consonância. Muitas vezes, nem mesmo os amigos sabem por que se tornaram amigos e como surgiu sua amizade. Na origem de uma amizade há sempre um elemento de mistério. De repente ela se manifesta. As portas de minha alma acabam de abrir-se para essa pessoa.

∞

Confie no amor
que certas pessoas despertam em você.
Confie no amor
que você sente
em relação a um amigo ou uma amiga.
Em todo amor
existe uma pureza.
Em todo amor humano,
por mais possessivo que seja,
existe um quê do puro amor de Deus.

12
Envolva-se com as pessoas

Se quiser ser feliz,
pergunte-se
como pode ser uma bênção
para os outros.

Ao redor de você
haverá crescimento
se a sua vida for fecunda.
As pessoas começarão a desabrochar.
A sua vida
se tornará fonte de bênçãos
para outros.

Com a sua simpatia,
você pode transformar as dificuldades dos outros
num caminho para uma vida nova.
Você pode transformar as preocupações de seu
semelhante em bênçãos.

Vá ao encontro das outras pessoas.
Envolva-se.
Procure ajudar
onde isso é possível.
Dê-lhes a sua atenção.
Viver bem
significa também viver em relação.
Quem gira apenas em torno de si,
não faz um bem verdadeiro a si mesmo.
Só quem ama os outros recebe amor em troca.
A felicidade daquele a quem se ajudou
retorna ao seu ponto de partida.

Talvez você espere por coisas extraordinárias e não perceba que Deus vem ao seu encontro, diariamente, nas pessoas que lhe pedem alguma coisa, em pessoas que lhe dão o presente de seu sorriso.

Na outra pessoa,
brilha uma partícula divina.
Respeitando-a,
posso alegrar-me com ela.
Do contrário,
torno-me cego
até para minhas próprias necessidades.

Procure a tensão
que faz fluir a vida e o amor em você,
para que, saindo de você, a vida se difunda
entre as pessoas que estão ao seu redor.

Tudo o que acontece conscientemente deixa seu rastro. E, neste rastro, é lançada uma semente que um dia há de brotar no coração das pessoas que você encontrou pelo caminho, com as quais falou, com as quais trabalhou e se empenhou.

É da natureza de nossa vida
que ela seja dividida com os outros.
Ela só será proveitosa
na medida em que estiver baseada na troca.
Se você estiver disposto a dividir,
as outras pessoas também dividirão
sua vida com você.
Assim terá parte na diversidade
e na riqueza das pessoas.

Se você precisa do outro apenas para sua própria autorrealização, você continuará sempre decepcionado.

O desejo de encontrar acolhimento não deve levar-nos à passividade. É importante que ele nos ponha em movimento, de modo que procuremos aproximar-nos de nós mesmos e abrir-nos para os outros que já estão perto de nós. Chegando perto deles, experimentaremos o calor de sua proximidade.

Todo ser humano deseja receber afeto. É esse o desejo primário e elementar da criança: que o olhar carinhoso da mãe se volte para ela e lhe sorria. Essa experiência primordial é para a criança a sua razão de ser, pois lhe transmite a sensação de ser bem-vinda nesta terra. Procuramos sempre a confirmação dessa experiência. O afeto da mãe é o arquétipo da bênção.

Um sorriso aproxima pessoas que antes eram estranhas. Um sorriso que vem do coração cria imediatamente uma sensação de proximidade e entendimento. É um convite de abrir-se para o outro. Você se sente compreendido e aceito, levado a sério. Você pode dizer o que pensa. Não precisa temer uma avaliação.

O coração alegre é também um coração aberto, cheio de brandura. Ele não julga. Espalha a alegria no meio em que vive. A alegria é transparência interior. Não são apenas as pessoas sensíveis às mudanças do tempo que sabem por experiência própria que o céu azul desanuvia também o ânimo das pessoas. Ele faz bem e favorece o bom humor.

As pessoas podem ser anjos que, no momento certo, entram em nossa vida, que nos fazem ver o que é bom para nós, que intervêm para salvar e para ajudar quando estamos numa situação sem saída.

Não há convivência humana sem perdão. Quer queiramos, quer não, sempre nos machucamos uns aos outros. O perdão limpa a atmosfera, permitindo assim que continuemos convivendo, apesar das ofensas feitas e recebidas. Todos nós precisamos do anjo do perdão, para que as feridas de nossa alma possam sarar.

Enquanto não souber perdoar, você estará amarrado ao outro. O perdão o liberta. E, ao mesmo tempo em que o conduz à liberdade, revigora sua força e clareza interior.

Aquele que trata mal o outro causa dor a si mesmo. Quando grita com o outro, ele acaba ferindo a si próprio. Por meio dos gritos, pretende disfarçar a sua fragilidade. Mas isso não faz bem à sua alma. Sua indulgência para com o outro o torna indulgente consigo mesmo.

A questão real de nossa vida é essa: sermos capazes de viver a nossa própria vida, para que ela se transforme em fonte alimentadora para os outros.

Seja justo para com os outros. Justo é aquele que permite que o outro seja outro, confirmando-o em sua alteridade e ajudando-lhe a receber o que lhe é devido.

Seja misericordioso – para com os outros e para consigo mesmo. Você só poderá sentir a misericórdia do outro como benfazeja, se ele usar de misericórdia para consigo mesmo. Nesse caso, a misericórdia se torna recíproca. A misericórdia faz bem a você e ao outro.

Seja generoso com as pessoas que encontra em seu caminho. Aquele que olha os outros com indulgência e generosidade não se deixa bloquear pelos erros deles. Ele aposta e crê no bem, mesmo que sofra repetidas decepções. A fé no bem que está em cada ser humano acaba estimulando esse bem. Assim, ela cria o bem, porque reconhece o bem em cada ser humano.

Reconheça as realizações dos outros. As pessoas precisam de reconhecimento. Elas ficam contentes e desabrocham quando são elogiadas. Mas saber elogiar é uma arte que exige sinceridade, naturalidade, capacidade de perceber a realidade do outro e a importância dele para você e para a comunidade. O elogio lhe mostrará o mundo numa nova luz. E a sua alma se regozijará. Porque elogiar condiz com a natureza de sua alma.

⁓

Fale por meio do coração. As palavras que brotam do coração são sempre palavras de amor. Elas respiram calor, carinho, compreensão e proximidade. E elas entram em contato com o destinatário das palavras. Elas criam laços de relacionamento. Há uma troca entre os corações.

Nosso coração é o lugar que o próprio Deus escolheu para habitar dentro do ser humano. O coração é o lugar em que o céu e a terra se tocam. Ao mesmo tempo, o coração é a porta pela qual um outro ser humano pode entrar em nosso íntimo. O coração liga as pessoas entre si. Mas, quando dois corações se tocam, abre-se o céu acima deles, e os anjos sobem e descem pela escada do céu.

# 13
Onde há vida, existe uma pista para a felicidade

A luz e a escuridão, a alegria e a dor fazem parte de nossa vida. É necessário aceitar esse antagonismo e conciliar-se com ele, para chegar a uma avaliação correta da vida e criar, assim, as condições para a felicidade.

A vida em si, com seus altos e baixos, suas luzes e sombras, suas dores e alegrias, é uma beleza. É sempre empolgante observar a vida e perscrutar com admiração seu mistério.

A felicidade é a expressão de uma vida realizada. Vivendo a vida com todos os seus sentidos e aceitando-a em toda a sua intensidade, você experimentará a felicidade. Como a vida, a felicidade também não se deixa agarrar. A vida não para de seguir seu caminho. Às vezes passa por vales sombrios, outras vezes se transforma de repente numa cachoeira.

Há vida também na dor. Em tudo existe uma promessa de felicidade, tanto na dor que faz com que nos abramos para nosso irmão, quanto na alegria que dividimos com os outros, tanto no esforço que empreendemos para galgar o topo da montanha, quanto na relaxação de um mergulho no mar. Onde quer que haja vida de verdade, existe também um resquício de felicidade.

Não importa
qual seja a causa da dor,
procure ajuda em sua dor.
Fale com pessoas que o compreendem.
Não se afunde no sofrimento.
Abra-o
para um ser humano
ou para Deus.
Assim você sentirá
consolo,
firmeza,
esperança,
confiança.

Tenha a coragem de mostrar suas feridas. Verá, então, as pessoas indo até você para falar-lhe de seus próprios traumatismos e ferimentos. Você se transformará em conselheiro dos outros. Sua ferida será uma pérola preciosa para você e para os outros.

Da crise nasce também a força. A crise quebra as máscaras externas, mas também as tendências de garantia interna. Desse modo, você entra em contato com seu espaço interior, que é a morada de Deus dentro de você. Nesse espaço brota a fonte do Espírito Santo. As crises forçam o acesso a essa fonte da qual podemos haurir sempre. Por ser uma fonte divina, é inesgotável. Dela vem a força de que você precisa para achar o caminho da verdadeira vida ao passar por tantas mortes.

Aquele que se lembra dos acontecimentos dolorosos da história de sua vida deve livrar-se da força destrutiva dessas experiências. É como retirar as folhas secas que se depositaram no chão de sua alma. Só então o sol do amor divino conseguirá penetrar em seu solo para despertar e fazer crescer as flores que estão em nós.

Vida nova só pode surgir
do anseio
de um coração ferido.
Todo sofrimento
nos lembra
de nosso anseio.
Pelo anseio,
o sofrimento é transformado,
e a minha vida se abre
para uma liberdade nova.

Que um anjo lhe abra a porta para seu próprio coração, para que você descubra em si mesmo o lugar em que o céu e a terra se tocam, em que o próprio Deus habita em você, preparando-lhe uma morada onde se sinta bem e possa gostar de si e de sua vida, de Deus e dos seres humanos.

14
Nascido para a alegria

O ser humano
nasceu para a felicidade.
Quando percebemos a natureza
com os sentidos atentos,
reconhecemos nosso ser
que, de dentro de nós,
anela por essa felicidade.

O ser humano
nasceu para a alegria.
O prazer é a satisfação de meus desejos,
mas a alegria
me faz viver.

A alegria corresponde
à essência do ser humano.
Ela faz bem à sua saúde
e prolonga a sua vida.

Existe uma dependência do prazer.
Mas não existe uma dependência da alegria.
A busca do prazer pode virar doença.
A pessoa se torna insaciável.
A alegria é realização.
Ela não deixa a pessoa doente,
ela lhe dá saúde.

A diversão fica na superfície.
Ela não penetra até o fundo do coração.
Mas é lá, no fundo do coração,
que se encontra em todo o ser humano a alegria:
um tesouro que podemos resgatar.

Alegria – o que é isso?
A alegria é uma coisa simples.
É bom estar com saúde,
poder movimentar seu corpo.
É gostoso respirar livremente.
E é uma alegria
registrar conscientemente
as surpresas diárias da vida.

A alegria é discreta. Quase não a percebemos quando entra em nosso coração. Mas é lá que ela mora, se não a expulsarmos à força. A alegria faz desaparecer as lágrimas de nossos sonhos. Ela enxuga as lágrimas de nosso rosto. Ela nos põe em contato com nossos sonhos. Ela faz os sonhos virarem realidade.

A alegria nos enche de vitalidade, assim como uma fruta nos dá vida. E a alegria respira a leveza de um pássaro. Ela supera o peso da terra e se levanta no ar como um pássaro.

Em última análise, a alegria é sempre uma qualidade da própria alma. Quando alguma coisa me deixa alegre, ela apenas me põe em contato com a alegria que está dentro de mim. Por isso, trata-se sempre de uma alegria comigo mesmo. Essa alegria é minha. Ninguém poderá tirá-la de mim.

Entre em contato com sua alegria.
Permita que ela o anime.
Então, sua vida não será mais determinada
pelo reconhecimento e pela atenção dos outros,
pelo sucesso ou malogro,
e sim pela alegria interior
que está dentro de você
e que não lhe pode ser tirada,
porque brota de uma fonte mais profunda.

Aquele que sorve a alegria
até chegar ao fundo
toca em Deus.

15
Ser grato por tudo

A gratidão não se apega a nada.
Ela exprime uma atitude fundamental
que pode ser alimentada
por tudo o que acontece.
A cada momento
posso ser grato,
grato por aquilo
que me acontece neste instante,
que me põe em movimento,
que me desafia,
que me traz felicidade.

Quem puder lembrar-se vivamente de experiências boas do passado, dispõe de uma fonte quase inesgotável.

Quem olhar com gratidão para sua vida,
concordará com aquilo
que lhe aconteceu.
Ele deixará de rebelar-se
contra si e seu destino.
Atravesse seu dia de hoje
ao lado do anjo da gratidão.
Você passará a ver tudo
numa luz nova.
Perceberá
que sua vida
ganha um novo sabor.

Olhe com gratidão para aquilo que recebeu dos homens que viveram antes de você e para as ideias que outros trazem a este mundo. Coisas novas também querem aparecer por meio de você. Deus é o eternamente novo. Ele constituiu um novo início também em você. Por seu intermédio, ele quer trazer novas palavras, novos pensamentos, novas soluções para esse mundo. Dê uma nova forma à sua vida, de acordo com a confiança que o Deus eternamente novo deposita em você.

Nem o infortúnio é capaz de expulsar a alegria daquele que consegue mostrar-se grato mesmo quando as coisas não lhe agradam. A gratidão o ensinará que mesmo aquilo que atrapalha os seus planos pode abrir novas portas que dão acesso a espaços amplos e a caminhos maravilhosos inopinados.

Não se compare com os outros. Agradeça a Deus o que ele lhe deu e o que continua oferecendo-lhe a cada momento. Em vez de olhar para os outros, procure ver a sua própria situação. Permaneça em si mesmo, esteja simplesmente presente. É esta a condição necessária para encontrar sossego: estar aí, em harmonia consigo próprio, aproveitando em paz o momento presente.

Ao agradecer ao outro, você aprende simultaneamente a amá-lo. E assim sua gratidão se transforma em bênção para o outro.

16
Estar aberto ao milagre

No final das contas,
a felicidade é sempre um presente
que recebemos.
A felicidade
é sempre um milagre.
Não é possível forçar o milagre.
Os milagres simplesmente acontecem.
Eles nos pegam de surpresa.
Os milagres surgem do nada.
E eles sempre vêm do céu.
Eles caem sobre nós.
Apenas podemos abrir as mãos
para que o milagre não caia no vazio.

Quanto mais insistirmos em querer a felicidade, menos a alcançaremos.
Não posso planejar conscientemente a felicidade. Serei feliz
quando algo der certo para mim,
quando experimentar algo
que me toca profundamente,
quando amar.
Posso, isso sim, optar pelo amor.

∞

Muitos querem possuir a felicidade como se tivessem um direito a ela, esquecendo-se de que a felicidade só pode ser recebida como um presente. Só quando permito que me seja dada como presente, a felicidade me encherá de alegria. Se não for assim, pode até ser que eu conheça um grande número de pessoas valiosas, mas a sua proximidade não me dará alegria. Posso ter uma grande quantidade de bens, mas eles não me farão feliz.

A alegria e a surpresa são irmãs.
Quando reajo com criatividade
àquilo que atrapalha minhas intenções,
tenho a sensação de que está bem como está.

∞

Quem planeja a vida nos mínimos detalhes, de modo que tudo corra conforme o previsto, pode até sentir certa satisfação. Mas a verdadeira alegria surge no momento em que acontece algo imprevisível, quando um amigo nos liga depois de um longo silêncio, quando o sol passa de repente pela neblina, quando um problema se resolve por si, quando chega uma notícia boa.

∞

Há vezes em que a alegria nos surpreende. Sem que possamos interferir, ela procura alcançar-nos. O importante é que nos deixemos alcançar, que estejamos abertos para a surpresa divina.

Gostaríamos de ter uma vida bem-ordenada. Por isso, precisamos de humor para aceitar a vida como ela se nos oferece: caótica, imprevisível, sempre atravessando os nossos planos.

∞

A vida é sempre um risco. Há um risco em todo encontro, porque preciso sair de dentro de mim. Quando tomo uma decisão, nunca posso saber de antemão qual vai ser o resultado final. Mas aquele que nunca se decide, que procura sempre ter garantias, verá a vida passar. E quem se recusa a viver, verá sua alma definhando no marasmo.

∞

Quem recua diante do desconhecido
nunca estará à altura de sua própria força.
Quem se limita a cumprir as normas
nunca será feliz.
Certamente, levará uma vida cômoda,
mas tediosa.

Só o horizonte amplo
nos permite ver o novo,
e só essa abertura
tornará livre nosso espírito.

17
Respeite os limites – encontre sua medida

Com certeza a nossa vida só pode dar certo se ela for vivida dentro de determinados limites.

Preciso saber onde estão os meus limites.
Só assim poderei ultrapassá-los
para ir ao encontro do outro,
entrar em contato com ele,
tocá-lo,
para assim experimentar, eventualmente,
um momento de fusão com ele.

Quem se conformar com suas limitações
e lidar com elas com desvelo,
terá êxito na vida
e experimentará a felicidade.

Quem dilui as fronteiras,
perde força e clareza.
Em pouco tempo
já não saberá
quem ele é realmente
e de qual raiz vive.

∞

Muitas pessoas não respeitam seus limites.
Vivendo além de suas possibilidades,
notarão em algum momento
que perderam sua medida.
Mas sem medida justa
a vida não dará certo.

∞

O objetivo da medida certa é a tranquilidade da alma, o equilíbrio interno, a harmonia comigo mesmo. Mas só poderei chegar a esse ponto se dispuser tudo dentro de mim na ordem devida.

Aquele que se encontra em seu próprio centro está mais protegido contra as violações de suas fronteiras.

∞

Eu mesmo conheço minha medida.
Não posso permitir que os outros
me digam qual deve ser a minha medida.
Preciso defender a minha fronteira,
mesmo que me arrisque
a ser chamado de egoísta
pelos que estão ao redor de mim.

∞

Preciso enfrentar os limites entrando em atrito com eles. Isso dói por vezes. Mas produz também uma tensão saudável, a tensão entre a aceitação dos limites e seu alargamento e sua superação.

Estabelecer limites é um sinal de amor. Uma educação, por exemplo, que não conhece limites não é vista pelos filhos como liberdade e amor, e sim como indiferença e "abandono".

∞

Muitas vezes temos dificuldades de estabelecer limites porque, no fundo, temos medo de nos tornar antipáticos, de atrapalhar ou até de cortar uma relação, de sermos rejeitados. Na realidade acontece precisamente o contrário: a confirmação de nossos próprios limites cria relações robustas.

∞

Cada um responde por seu próprio limite. Precisamos aprender a admitir os nossos limites. O outro não os conhecerá por si. Precisamos dizer a ele ou lhe mostrar, por meio de nosso comportamento, onde se localiza o nosso limite.

Balizar a própria fronteira, sem precisar de justificativas, é um caminho que, além do mais, pode poupar-nos muita energia e força.

Não preciso justificar-me. Eu falo o que considero estar correto. Isso é suficiente. Não preciso ficar tenso porque quero que o outro, que não compreende minha negativa, acabe concordando comigo. Eu disse não. É o que basta. O que o outro pensa é problema dele. Não preciso quebrar a cabeça por causa disso.

A força aumenta com o objetivo.
Só quem aspira a uma meta indo ao encontro dela se dará conta do que é capaz.

Os limites nunca são absolutos.
Eles podem transformar-se em desafio
no sentido positivo.

Quem nunca tiver coragem
de ultrapassar seus próprios limites,
verá sua vida se definhar.

Em sua vida, o ser humano se depara
necessariamente com a fronteira da morte.
Aceitar esse limite
é um sinal de sabedoria humana.
A fronteira da morte nos convida
a aceitar nossa limitação humana,
mas, ao lado dela, também a falta de limites
que Deus nos concedeu.

A fronteira da morte
é um convite
para uma vida
consciente e intensa,
aqui e agora.
Ela nos deve sugerir
o gosto da vida.
Não preciso acumular tudo
nesse tempo limitado que me é dado.
Aceitando essa fronteira,
serei grato
por cada momento.
Experimento-o em toda a sua plenitude.
Nesse breve lapso de tempo,
em que me faço totalmente presente,
tomo parte em tudo.
No tempo limitado,
experimento a falta de limites da eternidade.

18
As fontes de sua força

Hoje muitos têm a sensação de que a fonte que alimenta sua vida ficou turva. Perdeu sua energia renovadora. Ou ela ficou turvada em consequência de atitudes que não fazem bem à alma, ou em virtude de emoções que, de fora, sujam essa fonte originalmente pura. É o momento em que muitas pessoas sentem saudade de uma clareza que refresca.

∞

Quando a gasolina do tanque está no fim, podemos reabastecer o carro nos postos das companhias petrolíferas, desde que paguemos o preço. As baterias também podem ser recarregadas. Mas nós seres humanos não somos máquinas.

Depende das fontes
das quais haurimos
se a nossa vida
vai dar certo
ou não.

∞

Se não avançarmos até o fundo, encontraremos apenas água turva. Se quisermos ter água clara e saudável, não poderemos ficar na superfície. É necessário avançar até aquelas fontes que realmente nos refrescam, que fecundam a nossa vida e purificam a turvação dentro de nós.

Quem haurir das fontes do Espírito Santo irradiará leveza, fecundidade e vitalidade. Para descobrir essa fonte pura dentro de nós, precisamos enfrentar primeiro as fontes turvas. Atravessando estas, podemos penetrar até às fontes claras que brotam no fundo de nossa alma.

∞

O sentido que dou à vida como um todo e a cada situação em particular me dá força, me fecunda e me refresca. Quando não percebo o sentido das coisas, perco também o contato com essa fonte. Vagueando sem objetivo, perco de vista as possibilidades de renovação que nascem diante de meus pés.

O esgotamento
é um sinal
de que deixamos de viver da energia interior
para substituí-la pela água de fontes turvas.
Quem dá aos outros
porque ele próprio precisa de atenção,
esgota rapidamente as suas reservas.

∞

No fim das contas não é tão importante o que os outros querem. Preciso sentir dentro de mim o que é certo para mim. Entrando em contato comigo mesmo, chegarei também aos meus recursos interiores.

∞

Descubro minha fonte pessoal quando me pergunto: de onde eu tirava minha força quando era criança? Onde minha energia fluía mais? Com que podia brincar durante horas sem me cansar? Recordando essas situações, consigo restabelecer o contato com minha própria força.

Quando haurimos de nossa clara fonte interior, podemos trabalhar muito e bem. E o faremos com nova alegria e energia. A própria fonte inunda o nosso corpo e a nossa alma com um novo frescor. E isso faz com que a nossa ação seja bem-sucedida.

∞

A sua vida será fecunda se você viver a partir da fonte interior. Não se deixe pressionar por exigências. Você não precisa provar nada. O que importa é entrar em contato com a fonte interior de sua vida.

19
Seja bom para si mesmo

Seja bom para si mesmo, isto é, seja compassivo com você. Pois ser bom para si mesmo significa sentir-se consigo mesmo. Significa solidarizar-me com a criança machucada que está dentro de mim, ter compaixão para com ela. Devo olhar para minhas próprias feridas com os olhos compassivos do coração, dedicando-lhes a atenção de uma afeição que vem do coração. Não adianta avançar furiosamente contra minhas próprias fraquezas. Melhor é dar-lhes uma atenção carinhosa e sentir-me com elas. Sua miserabilidade só mudará sob a influência de um olhar compassivo.

Ser bom para mim mesmo significa apenas isso: abrir meu próprio coração para aquilo que está infeliz e solitário em mim.

Descubra o elemento maternal dentro de você. Tome nos seus braços maternais a criança machucada que está em você. Dê a si mesmo o aconchego que a criança machucada e órfã em você necessita. O amor da força maternal de Deus participa em você.

Não dificulte a sua vida,
levando a sério demais
aquilo que não lhe agrada em você mesmo
e que o irrita nos outros.
Deixe para lá!
Procure ver o que há por trás das coisas.

Faça uso de sua fantasia para descobrir como levar alegria à vida das pessoas que cruzam seu caminho. As rosas que você faz desabrochar na vida dos outros exalam seu perfume não só para eles, mas também para você. Elas enchem seu próprio coração de amor e alegria. Indo ao encontro dos outros, você põe algo em movimento dentro de si e se sentirá livre e amplo em seu interior.

20
Dê espaço à esperança

Ter esperança significa:
apostar num futuro são e salvo,
apesar de toda a realidade deprimente.
Ter esperança significa não se abandonar,
significa confiar na capacidade de Deus
de transformar tudo.
Dando espaço à esperança
dentro de nós,
a nossa alma se encherá de alegria.

∞

Permaneça límpido em seu interior.
Não permita que as nuvens escuras
que surgem no horizonte de seu próprio coração
encubram sua alma.

Aquele que vislumbra a luz entre as névoas do cotidiano, que não desiste de sua fé na claridade, mesmo que esteja encerrado no buraco da depressão, encontrará o caminho que o levará para fora, apesar de toda tristeza e descontentamento.

Achar esse caminho, mesmo quando você se sente agitado ou ofendido, decepcionado e desesperado, é uma arte toda própria de viver.

∞

Chorar pode fazer bem. O choro pode livrá-lo de sua tristeza interior. Mas quando você chora de autocomiseração, nada acontece em seu interior. Você fica preso no seu choro, e o máximo que pode acontecer é ficar com o rosto molhado.

Carregamos dentro de nós o céu, que é a nossa meta. Por isso, o caminho que nos leva a ele já é o próprio céu. Mesmo que o céu de sua consciência por vezes esteja encoberto ou que nuvens negras anunciem um temporal iminente, você pode ter certeza: o céu dentro de você não escurecerá. O céu está lá onde Deus mora dentro de você. É lá que seu coração se alarga.

Confie na esperança.
Ela amplia sua alma.
Ela incentiva sua alma
a se orientar
para aquilo que falta acontecer.
E nessa expectativa você pode sentir-se seguro num sentido insuperável.

21
Seu desejo é a sua medida

Somos aves de arribação.
Nosso ninho
é um ninho temporário.
Estamos a caminho
de uma outra terra.
Somos aves de arribação,
não somos sedentários.
Somos aves de arribação
que estão à procura
"de uma outra terra".
E voamos em direção a essa terra,
cheios de saudade.

A saudade não nos prende.
Ela amplia nosso coração
e nos faz respirar livremente.
Ela empresta à nossa vida
sua dignidade humana.

∞

A vida verdadeira está lá onde está a saudade.
Você precisa enfrentar seu desejo
para encontrar a pista da vida
e descobrir sua própria vitalidade.

∞

Os desejos nos mantêm vivos. É verdade que existem pessoas felizes sem desejos. O risco consiste em ficar contente antes do tempo com o que se alcançou. Os desejos que queremos ver realizados logo ultrapassam o fútil, porque visam a verdadeira felicidade que jamais alcançaremos nessa vida, pois ela nos aguarda só na plenitude.

As pessoas que conseguiram tudo o que desejavam experimentam frequentemente uma sensação de vazio interior. Aumenta, então, o desejo de algo bem diferente. Mas nenhum bem da terra, nenhum sucesso, nenhuma pessoa amada conseguirá jamais satisfazer esse nosso desassossego interior. Só descansaremos quando tivermos encontrado aquela fonte interior que nunca se esgota, aquele lar seguro do qual nada nos poderá expulsar e aquele amor que nunca se desfará entre nossos dedos.

Não se contente com o mundo
como ele é.
Aceite o desafio
de abrir as portas,
de transpor os limites,
de alcançar uma vastidão maior.

A saudade o põe em contato consigo próprio. Quando sentir a sua saudade, você estará dentro de seu coração. Nesse momento, as expectativas dos outros já não terão poder sobre você. A saudade o preserva de reagir com resignação às decepções de sua vida. Pelo contrário, a decepção manterá viva a sua saudade.

Aquilo que transforma esse mundo
só pode ter sua origem em alguém
que esteja em contato
com os sonhos da vida.
Só aquele que ainda sonha
pode mudar esse mundo.
Somos mais do que esse corpo
envolvido por nossa pele.
Dentro de nós estão os sonhos
que podem ampliar o próprio coração
e pôr em movimento
esse mundo.

22
Em harmonia
e conciliado consigo próprio

Amar-se a si próprio significa:
ame-se assim
como você ficou.
Esta é a chave da felicidade:
amar-se a si mesmo
em sua própria limitação
e amar também aos outros
com as suas limitações.

Nunca poderemos
eliminar completamente
os nossos lados sombrios.
Mas podemos aprender
a lidar com eles de outra maneira.

Quando somos amargos,
irradiamos amargura.
Quando a escuridão está em nós,
o mundo ao redor de nós se escurece.
A sua missão consiste
em tornar o mundo mais claro.

∞

Quando você consegue
estar em perfeita harmonia consigo mesmo,
aceitando com gratidão
as capacidades que Deus lhe deu,
mas agradecendo também
os limites
de que você se dá conta,
nesse momento você sente
a verdadeira felicidade.
Mais ainda:
você pode dizer de si mesmo
que é feliz.
Está bom como está.

Quem quiser estar sadio em seu íntimo
precisa concordar
com o mundo como ele é.
Precisa estar de acordo
com a própria história de vida,
com o caminho que Deus lhe destinou.
Só assim ele chegará à harmonia consigo próprio.
Estar em harmonia consigo próprio
é uma das condições da saúde.
E da felicidade.

∞

Não se deixe paralisar
por suas falhas e fraquezas.
Encare-as, não as reprima,
aceite que você é falível
e trabalhe para corrigir suas fraquezas.
Mas não se aferre a elas.
Solte-as.
Se Deus lhe perdoa,
você também pode perdoar-se.
Seja compassivo consigo próprio.

Pare de queixar-se de seus problemas e de suas fraquezas. Preste especial atenção, no dia de hoje, naquilo que você sabe fazer bem. Concentre-se em suas capacidades.
Todos têm seu lado forte.
Você também.

Quem estiver em harmonia consigo próprio
saberá espalhar a harmonia
em torno de si.

Aceitando-se como você é, você sentirá a si mesmo e sentirá sua vitalidade e amplidão.

O que é sucesso? Você é feliz quando consegue realizar algo. A felicidade está dentro de você. Não precisa alcançá-la pelo sucesso exterior. Viver em harmonia consigo mesmo, chegar à harmonia interior, é isso que torna a pessoa feliz. E esse estado se irradia. Quando você dá reconhecimento a si próprio, já não há necessidade de correr atrás do reconhecimento dos outros. Assim já não será tão importante saber o que os outros dizem a seu respeito.

Você alcançará a harmonia interior
quando conseguir juntar
tudo o que há de contraditório em você.
Você percebe as suas contradições.
Você as admite.
Assim, elas já não podem dilacerá-lo.
Você estabelece uma ordem entre elas.
Você atribui uma melodia própria
a cada setor dentro de você.
Assim tudo pode soar conjuntamente,
a ponto de surgir uma harmonia interior.
E você está em harmonia
com tudo o que há dentro de você.
Já não precisa reprimir nada.
Tudo dentro de você pode emitir o som que lhe
é próprio.

Sua voz única
não pode faltar
no coro polifônico
desse mundo.
Do contrário, o mundo seria mais pobre.
Sem você, as muitas vozes
não formariam um conjunto tão belo.

Ter fé significa enxergar-se numa nova luz. Como você se vê a si mesmo? Qual é a perspectiva em que você se enxerga? Deixe de lado todos os preconceitos e todas as avaliações que o impedem de ver seu verdadeiro ser. Olhe-se na luz de Deus! Assim descobrirá quem você é de verdade: uma imagem singular de Deus, na qual a beleza de Deus brilha de maneira única neste mundo.

Sentado estou inspirando e expirando,
deleitando-me com a sensação de viver
e de me perceber em minha singularidade.
Assim saboreio a vida
e desfruto a felicidade.
Não preciso mudar as coisas
com o uso de violência ou obstinação,
não preciso melhorar a mim mesmo com afinco
o tempo todo.
Sou quem sou,
Deus me fez e me formou assim.
Estou na segurança de seu amor,
plenamente aceito.
Então posso ficar em paz,
pois tudo está bem.

23
A serenidade faz florescer todas as coisas

A graça de todas as graças
é poder esquecer-me.
Esse é o caminho real para a felicidade.

∞

A autorreferência nos torna pesados.
O autoesquecimento nos faz ficar leves.

∞

Verdadeiramente livre
só é aquele que não amarra seu coração
nas coisas criadas
e que sabe largar
o que outros agarram.

Num coração largo
cabe muita coisa.
Ele pode ser
generoso,
sereno
e longânime.

∞

Depende de nós
dar mais ou menos importância
àquilo que nos sucede.
Podemos exagerar as proporções
do nosso infortúnio
e colocar em dúvida o sentido da vida,
ou podemos encará-lo como um desafio
que nos faz crescer.
A felicidade está em nosso coração.
A opção é nossa.

Você só pode concentrar-se no momento atual se deixar de lado todo empenho de posse e se for capaz de esquecer-se a si mesmo. É preciso abandonar, sobretudo, a pergunta constante: Que benefício isso me traz? O que eu sinto com isso? É necessário esquecer-se, para poder saborear a pura existência e o prazer de vivê-la.

Quem muito procura as coisas
acaba sendo manipulado por elas.
Quem as solta se liberta
da intervenção limitante do mundo.
Ele pode desfrutar o que elas oferecem.
Como não precisa das coisas,
está livre para perceber e saborear
a beleza do mundo.

Faça as pazes consigo mesmo.
As pessoas que estão em paz consigo
executam com calma e serenidade
o que precisa ser feito.

∞

Você não pode segurar a alegria. Seria contrário ao ser da alegria. A alegria precisa fluir, e para experimentá-la é necessário abandonar-se ao seu fluxo. Só podemos usufruir a alegria quando desistimos de segurá-la e de guardá-la para nós. A verdadeira alegria só pode ser experimentada por aquele que se distancia de seu ego que procura sempre ter e agarrar as coisas.

É responsabilidade sua fazer com que o dia não seja um dia de aborrecimentos. Será um dia feliz se você souber reagir com alegria interior, e não com irritação e depressão, às coisas que o afetam.

Você decide
se fica irritado consigo mesmo,
rejeitando-se interiormente,
ou se fica contente consigo.

Ficar contente comigo mesmo
não quer dizer
que aprovo tudo o que faço.
Existe também a tristeza justificada
por não corresponder àquilo
que significa ser verdadeiramente humano.
O contentamento comigo mesmo
é o reconhecimento agradecido
pelo fato de Deus ter me criado
e de ter me feito bom.

Aborrecimentos custam energia. Aborrecendo-nos, damos aos outros poder sobre nós e nos deixamos paralisar e determinar por eles. É importante examinar os aborrecimentos para identificar seu motivo e, eventualmente, os indícios que eles nos podem fornecer. Assim podemos distanciar-nos daquilo que nos ameaça acabrunhar e dominar.

∞

Permaneça em seu centro.
Sinta seu próprio ser
e volte sempre
ao próprio centro.
Deixe os outros
onde estão
e deixe-os
como estão.

∞

Alegre-se com a existência que Deus lhe deu:
mas até esse passo depende de sua decisão.

Tente perceber, simplesmente, o que há
e o deixe como está.
Deixe a realidade
do jeito que ela está.
Desfaça-se de suas ideias.
Assim as coisas podem desabrochar.
A serenidade
o presenteará com liberalidade.

A alegria se esconde
no fundo de nossa alma,
fora do alcance
de nossas expectativas
e do nosso sentimento de posse.

24
A noite é uma bênção

Quem vive no ritmo do dia e da noite
experimenta o mistério da vida.
O dia e a noite são imagens que representam
a vida.
Quem embaralha o ritmo do dia e da noite
traz a confusão para dentro de sua alma.
Ele fica fora de seu eixo
e não consegue sintonizar-se
com o ritmo da vida.

∞

Quem não souber respeitar a dignidade da noite terá muita dificuldade de enfrentar o dia seguinte. Cansado, ele entrará de qualquer jeito no novo dia, sem se dar conta do frescor da manhã que restabelece as forças do coração.

Quando passo meu dia fazendo coisas úteis, aproveitando o tempo, vivendo conscientemente e vivendo bem, quando me comporto corretamente, cumprindo a vontade de Deus, então a alegria será a minha janta. A alegria é a expressão de uma vida realizada. E a alegria é como um jantar que me alimenta. A alma se sacia com a alegria. Quem puder olhar satisfeito para as realizações do dia se encherá de alegria. E essa alegria será sua companheira ao cair da tarde e durante a noite. Tendo penetrado em sua alma durante a noite, nem mesmo os conflitos do dia seguinte conseguirão expulsá-la do coração.

Faça do fim de seu dia
um momento de alegria aguardado
durante o dia todo.

Estabeleça uma hora para ir dormir. Há pessoas que simplesmente não conseguem ir para cama. Sempre acham que falta terminar mais isso ou aquilo. Ou ficam sentados na frente da televisão porque estão muito cansados para fazer coisa melhor. No fim, acabam ficando mais tempo do que deveriam. No dia seguinte se arrependem de ter perdido tanto tempo assistindo à televisão. Por isso é bom ter uma hora certa para ir dormir. Não se trata de ser escravo de um horário preestabelecido. O importante é ordenar o tempo do dia de uma maneira tal que sobrem espaços livres para que você possa desfrutar o tempo ou fazer aquilo que lhe dá prazer.

À noite, dispa-se lentamente.
Você verá
que esse ato pode assumir um sentido simbólico.
Ao tirar a roupa,
você põe de lado
todas as dificuldades do dia.

∞

Termine o dia com um ritual que imprima a esse dia a sua marca. Foi um dia que você recebeu de presente e que você devolve agora àquele que lhe dá o tempo de sua vida.

∞

Um ritual noturno sadio nos faz sensíveis para o mistério da noite. No sono, mergulhamos no solo profundo das raízes divinas. O próprio Deus quer-nos falar em nossos sonhos. Assim, todo dia e a vida inteira são elementos da arte de viver bem. Tudo deve receber a sua forma de uma energia espiritual que nos faz viver bem e com saúde.

Mesmo que tenha a sensação de que o tempo é o meu dono durante o dia, no ritual da noite recebo esse tempo de volta.

Entregando, com o gesto das mãos abertas, meu dia a Deus, o dia ganha uma outra aparência. O tempo não se escoou simplesmente entre meus dedos. Entrego a Deus esse tempo delimitado do dia que passou, incluindo nele tudo o que aconteceu, até os momentos vividos sem atenção, até o tempo perdido.

Assim o dia volta a ser meu.

O tempo que passou volta a ser meu tempo.

Depositando-o nas mãos de Deus, posso senti-lo também com minhas próprias mãos.

Não foi um dia perdido.

Fecha-se a porta do dia que passou, a porta do trabalho e das dificuldades. Abre-se a porta da noite em que posso deixar-me cair nas mãos de Deus. Pela porta da noite, entro no espaço de um novo dia. Não passo aos tropeços de um dia ao outro. Fecho a porta do passado para sentir-me totalmente no espaço do presente.

O ritual da noite pode consistir em cruzar as mãos sobre o peito. Imagine-se fechando a porta de seu interior para ficar só com Deus. Com as mãos cruzadas, você protege o espaço interior que é a morada Deus dentro de você. Lá dentro, no fundo de sua alma, brota uma fonte inesgotável. Apesar de tudo o que você deu de si durante o dia, não está empobrecido. A fonte continua jorrando porque é de origem divina. Talvez se sinta cansado, mas não esgotado. Você sabe que, no dia seguinte, a fonte estará novamente à sua disposição.

Ao encerrar seu dia, imagine ter sido este seu último. Pense: termino este dia como se fosse o fim da minha vida. Ponho tudo nas mãos de Deus: este dia, a mim mesmo, todas as pessoas que me são caras, toda a minha vida.

Esse tipo de encerramento do dia lhe permite, ao mesmo tempo, um novo começo. E ele lhe dá a sensação de que você deveria deixar tudo de lado para abandonar-se nas mãos de Deus.

A noite lembra o sono da morte.

E cada nova manhã é como uma ressurreição para uma vida nova possibilitada por Deus.

Os anjos também foram sempre os mensageiros dos sonhos. A oração da noite inclui também o pedido de bons sonhos nos quais o anjo transmita uma mensagem de Deus, poupando-nos de pesadelos. Pedimos para que Ele nos abrigue em seus braços amorosos, porque lá estaremos protegidos contra os perigos da escuridão.

Não podemos mandar nos nossos sonhos.
Eles são um presente de Deus.
No sonho, o mundo fica mais amplo.
Você mergulha no solo em que estão as raízes divinas.
Você vê o que há por trás do mundo.
Você começa a entender o mistério do mundo.

Os sonhos da noite mostram-lhe que não importa apenas viver corretamente; é necessário admitir a riqueza e a amplidão de sua alma, deixar que Deus o reconduza ao caminho que é o seu.

Os sonhos da noite podem transformar-se em fontes de felicidade. Eles não o afastam da realidade, antes fazem com que você veja a realidade com outros olhos. Os sonhos lhe mostram o lado inescrutável do ser, porque remetem ao fundamento divino de todas as coisas e à alegria que pode estar presente em tudo.

Em todos os tempos, os homens ficaram fascinados pela luz clara da estrela da noite: não somos apenas seres humanos da terra, somos também seres humanos do céu. Dentro de nós brilha a estrela que alude àquele que, descendo do céu, satisfaz nossa saudade mais profunda.

Desejo-lhe
que o anjo monte guarda
enquanto você dorme,
e que o acorde
todos os dias
descansado e com ânimo confiante,
para que, ao levantar, você sinta
o que é o mistério da vida.

As fontes

Os textos, parcialmente reformulados deste livro, foram extraídos das seguintes obras de Anselm Grün publicadas pela Editora Herder:

Bleib deinen Träumen auf der Spur. Buch der Sehnsucht.
Weihnachten – einen neuen Anfang feiern. Buch der Lebenskunst.
Das kleine Buch der Engel.
Das kleine Buch vom wahren Glück.
Kleines Buch der Lebenslust.
Quellen innerer Kraft. Erschöpfung vermeiden – Positive Energien nutzen.
50 Helfer in der Not.
Grenzen achten – Grenzen setzen.
Im Zeitmaß der Mönche.

Monge beneditino e conferencista de fama internacional, Anselm Grün publicou seus livros em mais de 30 idiomas.

A Editora IDEIAS & LETRAS possui as seguintes obras do autor:

O SER FRAGMENTADO
Da cisão à fragmentação

Os antigos Padres do deserto bem como os filósofos gregos já conheciam a percepção de uma fragmentação interior, e buscavam a integridade. Anselm Grün traduz nesta obra suas respostas para a atualidade, e mostra como podemos reencontrar a unidade com nosso ambiente e em nós mesmos.

Páginas: 104
Ano: 2004
ISBN: 85-98239-25-9
Formato: 14 x 21 cm

O QUE NOS ADOECE...
E O QUE NOS TORNA SADIOS

(com Wunilbald Müller)

Ainda que o título do livro seja *O que nos adoece... e o que nos torna sadios,* os autores querem, sobretudo, mostrar o que mantém as pessoas sãs ou o que as torna sadias. Assim, lançam mão das novas tendências das ciências da saúde, que perguntam o que torna as pessoas sadias, ao invés de perguntar o que as adoece.

Páginas: 112
Ano: 2006
ISBN: 85-98239-57-7
Formato: 14 x 21 cm

MEIA-IDADE COMO RIQUEZA

As feridas provocadas pela vida afloram na crise da meia-idade de forma dolorosa. Com a sua habitual profundidade e clareza, Anselm Grün apresenta um caminho que articula os conhecimentos da psicologia analítica e da tradição espiritual cristã para estimular o leitor a fazer da meia-idade uma etapa de crescimento e de reencantamento da vida.

Páginas: 96
Ano: 2007
ISBN: 978-85-98239-34-7
Formato: 14 x 21 cm